チーズのケーキ

石橋かおり

基本からアレンジまで、
簡単に作れておいしいチーズケーキレシピ

Basic and Variations of Cheese Cake.

Contents

チーズケーキの材料について／ケーキ作りの約束 04

チーズケーキをよりおいしくする泡立てと生地の基本 06

チーズのいろいろ／ベイシックチーズケーキとワイン 53

Part1
基本のチーズケーキ
———

ニューヨークチーズケーキ 10

ベイクドチーズケーキ

スフレチーズケーキ 14

レアチーズケーキ 16

ババロア風レアチーズケーキ

ムース風レアチーズケーキ

ベイクドレアチーズケーキ 20

Part2
バリエーション
———

ニューヨークの香りのするチーズケーキ 24

カッテージチーズととうがらしのケーキ 25

抹茶ドットレアチーズケーキ 26

みかんのムース風 28

塩キャラメルレアチーズケーキ 30

スリーレベルチョコレート 31

ドルセ・デ・レチェ風
キャラメルチーズケーキ 32

パルミジャーノのスフレ 34

フレッシュブルーベリーベイクドレア 35

紅茶とラムのババロア風 36

イチゴいっぱいクリスマス 38

【 この本を使うにあたって 】
● 1カップは200ml、大さじ1は15ml、小さじ1は5mlになります。
● 電子レンジを使用する際の強さはレンジ強が600W、レンジ弱は200Wを基準にしています。
　各家庭の機種によって多少異なることもあります。
● キャラメルを作る箇所がありますが、ヤケドをしないよう充分に気をつけてください。
● 卵の大きさで、特に表示のないものはMサイズです。

Part3
ワインに合うチーズケーキ
―

ロックフォールニューヨーク ……………… 42

ラベンダーはちみつのクレメダンジュ ……………… 44

チョコレートレアチーズ
with ピンクペッパー ……………… 45

カマンベールクリーミー ……………… 46

チーズロールツアー ……………… 48

バルサミコソースのリコッタムース ……………… 50

ミモレットとオリーブオイルの
パウンドケーキ ……………… 51

マスカルポーネのブリオッシュサバラン ……………… 52

Part4
チーズのデザート
―

ブルーベリー &
クリームチーズのマフィン ……………… 56

マスカルポーネとシャンパンのムース ……………… 57

フランスの香りのするチーズタルト ……………… 58

クリームチーズパンナコッタ ……………… 60

ふんわりチーズプリン ……………… 61

ピンクマカロン ……………… 62

チーズケーキの材料について

この本で使用した
チーズケーキ作りの主な材料です。
乳製品はなるべく
新鮮なものを使いましょう。

【 クリームチーズ 】

牛乳に生クリームを添加して作る非熟成タイプのチーズ。クリーミーでなめらか。多くのチーズケーキに使われます。

【 生クリーム 】

牛乳を原料とした動物性のものを使用。この本では、乳脂肪分が47％と35％のものを、ケーキによって使い分けます。チーズケーキの生地は47％を使用することでコクを出しています。少しさっぱりした生地には、35％を使いました。

【 ヨーグルト 】

砂糖を使用していないプレーンなものを使用。ベイクドチーズケーキからババロア、ムース系のチーズケーキにさわやかな酸味を加えます。乳脂肪分が高いものはまろやかさが増します。

【 サワークリーム 】

生クリームを乳酸発酵させたもの。手に入らない場合は、ヨーグルト500gをキッチンペーパーを敷いた万能こし器にのせ、一晩水切りした後に計量したもので代用して下さい。

【 バター 】

食塩不使用のものを使用。有塩のものは約2％の塩分が添加されているため、塩味がかなりきいてしまいます。この本では、主にチーズケーキのボトム作りに溶かして使用します。

ケーキ作りの約束

小さな心がけで
おいしさがグッと上がります。

計る

ケーキ作りは、手順、計量などの正確さが求められます。そうすることによって、よりおいしいケーキを作ることができます。

混ぜる

チーズケーキ生地は素材を加えたら、そのつどよく混ぜて、型に流す前にこしましょう。なめらかさに違いが出ます。

【 バニラエッセンス・バニラオイル 】

バニラエッセンス（左）は熱を加えると風味が飛びやすいので、主に冷菓に。バニラオイルは風味が飛びにくいので主に焼き菓子に使用します。油が浮くので冷菓にはエッセンスの方が適しています。

【 ビスケット・クラッカー 】

チーズケーキのボトムに使います。マリービスケットと小麦胚芽クラッカーをブレンド、または個々に使用しても。以前はグラハムクラッカーを使っていましたが、現在輸入量が少ないので、代わりに使用しています。

【 バニラビーンズ 】

天然のバニラ。さやを縦に切って中の種を出して使います。風味が良く高級感が出ます。さやの部分は、乾燥させて砂糖のビンに入れておくと香りが移り、バニラシュガーになります。

板ゼラチン　粉ゼラチン

【 ゼラチン 】

粉ゼラチンは、板ゼラチンにくらべて凝固力が強く手軽に使えます。板ゼラチンは、粉ゼラチンより凝固力が弱くソフトに固まり、透明感が出ます。粉ゼラチンと板ゼラチンの凝固力の強さの比率は約10：6です。代用する際は注意をしましょう。

上白糖　　グラニュー糖　　粉砂糖

【 砂糖 】

上白糖は白砂糖とも呼ばれ、生地に溶けやすく、ここでは主にチーズケーキの生地に使用しています。グラニュー糖は精製度が高くさっぱりとした甘みが特徴です。キャラメルを作るのに適しています。粉砂糖はグラニュー糖をさらに細かくしたもので、デコレーションや焼き菓子などに多く使われます。

薄力粉　　コーンスターチ

【 粉類 】

薄力粉は、生地に粘りをもたらすグルテンの含有量が少ないのでケーキ、料理などに最適です。スポンジケーキ、タルト生地などに使用しています。コーンスターチはとうもろこしのデンプンです。この本ではチーズケーキの生地を固めるために使用しています。

焼く

オーブンの火力は各家庭のオーブンの機種により異なるため、焼き色で調節すると良いでしょう。ガスなど火力の強いものは10〜20℃温度を下げて焼いてください。

切る

ケーキを切り分けるときはナイフをお湯で温め、1回切る度にナイフを拭き取りながら切ると、きれいに切ることができます。

保存

保存はレアの物は冷蔵庫で3日、焼いたものには冷蔵庫で4日ほど。5日以後は味が落ちるので要注意です。

チーズケーキをよりおいしく

チーズケーキはもちろんお菓子作りの幅が広がる基本です。

生クリームの泡立て方

1 生クリームをボウルに入れ、氷水をはった別のボウルに底をあて、冷やしながら泡立てる。

2 [7分立て]泡立て器ですくうととろりと流れ落ち、少しあとが残るくらいの状態。ケーキの表面にぬる際に最適なやわらかさ。

3 [8分立て]7分立てをさらに泡立てる。泡立て器ですくうとしっかりとあとがつく状態。デコレーションにしぼり出す際に最適な固さ。これ以上泡立てると固くなり、口当たりが悪くなるので注意。

スポンジケーキの作り方

● 材料
（直径18cmの丸型1台分）
卵 …… 200ml（M・約4個分）
上白糖 …… 90g
A ｛ 薄力粉 …… 100g
　　コーンスターチ …… 大さじ2
バニラオイル …… 少々
サラダ油 …… 20ml
水 …… 10ml

● 下準備
オーブンを170℃に予熱する。
型にバター（分量外）をぬり、底と側面にオーブンペーパーをはる。
Aを合わせてふるう。
サラダ油と水を合わせる。

1 ボウルに卵を入れ、上白糖を加えて泡立て器でよく混ぜる。続いて湯煎にかけ、上白糖を溶かすように混ぜながら温める。約50℃になったら湯煎から外し、次にサラダ油と水を湯煎する。

2 全体が白くもったりとして、生地を落としてもあとがすぐ消えないぐらいになるまでハンドミキサーで泡立てる。ハンドミキサーの羽が立つくらいが目安。

タルト生地の作り方

● 材料
（10〜11cmのタルト型2台分）
バター（食塩不使用）…… 60g
粉砂糖 …… 30g
卵黄 …… 1個分
水 …… 小さじ1
薄力粉 …… 110g

● 下準備
バターは室温に戻し、やわらかくしておく

1 ボウルにバターを入れ、泡立て器でやわらかくなるまで練り、粉砂糖、卵黄、水を加え、そのつどよく混ぜる。薄力粉をふるい入れ、ゴムべらですりつけるようによく混ぜる。

2 まとまるように混ざったら、生地をラップで包み冷蔵庫で1時間休ませる。続いて打ち粉（分量外）を振った台にのせ、めん棒で厚さ約3mmにのばす。生地をめん棒に巻きつけて、型に敷きこむ。

する泡立てと生地の基本

メレンゲの泡立て方

1 [5分立て]水分や油分をしっかり取り去ったボウルに卵白を入れ、上白糖を加えてから泡立てる。泡にツヤが出て、とろりとしたたるくらいが良い状態。この本ではスフレチーズケーキに使用。
※ボウルを使う際は、必ず水分や油分を取り去りましょう。

2 [ツノが立つメレンゲ①]ボウルに卵白のみを入れ、泡のキメが粗く、白くふわふわした状態まで泡立てる。

3 [ツノが立つメレンゲ②]砂糖を2、3回に分けて加え、さらに泡立てる。泡立て器ですくうと、ピンとしっかりとしたツノが立つくらいの固さにする。

3 Aをふるい入れ、ゴムべらでボウルの中央から「の」の字を書くように大きく混ぜる。バニラオイルを加え、サラダ油と水をゴムべらで受けながら加え混ぜる。

4 型に流し入れる。生地が型の高さの2／3以上あれば充分にふくらむ。天板にのせ、170℃のオーブンで35分焼く。

5 型に流し入れる。生地が型の高さの2／3以上あれば充分にふくらむ。天板にのせ、170℃のオーブンで35分焼く。

3 余分な生地は、型の上にめん棒を転がして、切り落とす。型の側面の生地を指でしっかり押さえて貼りつけたら、冷蔵庫で約30分休ませる。

4 220℃のオーブンで10分焼く。160℃に下げてさらに15分焼く。焼いている途中に底がふくらんできたら、底にフォークで穴をあける。

5 焼きあがったら、型に入れたまま約1時間冷ます。
※焼く前にタルトピンで模様をつけると、美しく仕上がります(P58フランスの香りのチーズタルト参照)。

07

Part1

Basic

基本の
チーズ
ケーキ

材料をくるくる混ぜて、あとは焼いたり冷やしたり…。
シンプルでおいしいチーズケーキはとっても簡単。
焼き方や微妙な配合で見た目も食感も大きく変わります。

Basic 01

―

ニューヨークチーズケーキ

ニューヨーク生まれの濃厚でクリーミーなチーズケーキ。
湯煎でしっとりとなめらかに焼き上げます。

Basic 02

ベイクドチーズケーキ

ヨーグルトがコクとさわやかさを演出。
直火の焼き色が美しいチーズケーキ。

基本のチーズケーキの作り方
ベイクド2TYPE

ニューヨークチーズケーキ・ベイクドチーズケーキ（共通）

● 材料
（直径18cmの底が取れる丸型1台分）

【ボトム】
小麦胚芽クラッカー …… 70g
マリービスケット …… 30g

バター（食塩不使用）…… 50g
【生地】
クリームチーズ …… 250g
上白糖 …… 120g
サワークリーム …… 200g

卵 …… 3個
バニラビーンズ …… 1/2本
コーンスターチ …… 大さじ2
レモン汁 …… 小さじ2
生クリーム …… 200ml

※ベイクドチーズケーキの場合、サワークリームの代わりにヨーグルト（200g）を、コーンスターチの代わりに薄力粉（大さじ2）を、バニラビーンズの代わりにバニラオイル（少々）を使用する。※バニラビーンズはバニラオイルでも代用可能（量は少々）。お好みで好きな方を。

作り方（共通）

1

ボトムを作る。ジッパーつきの袋か厚手のビニール袋に小麦胚芽クラッカーを入れてめん棒で叩き、細かく砕く。

2

バターを電子レンジ強で30秒加熱して溶かし、1に加え混ぜる。

3

袋の口を閉じて手でもみこみ、バターをしっとりとなじませる。

4

3を型に入れ、スプーンの背などを使ってしっかり敷きつめる。

5

生地を作る。クリームチーズをラップで包み、電子レンジ弱で4分加熱する。指が入るくらいのやわらかさが目安。

6

ボウルに5のクリームチーズを入れ、なめらかになるまで泡立て器で練り、上白糖を加え、よく混ぜる。

7

サワークリーム（ベイクドチーズケーキの場合はヨーグルト）をひとすくいずつ加え、加える度によく混ぜる。

8

卵を1個ずつ加えて混ぜ、バニラビーンズ（ベイクドチーズケーキの場合はバニラオイル）も加えて混ぜる。

9

コーンスターチ（ベイクドチーズケーキの場合は薄力粉）を入れて混ぜ、レモン汁も加え混ぜる。

● 下準備
【ニューヨークチーズケーキ】
オーブンを200℃に予熱する。
型の底をアルミホイルでおおう。
湯煎用のお湯をわかす。
【ベイクドチーズケーキ】
オーブンを180℃に予熱する。

フードプロセッサーを使用する場合

作り方1～3の手順(クラッカーを砕き、ボトムの材料を作る)は、フードプロセッサーでも可能です。小麦胚芽クラッカーを小さく割ってからフードプロセッサーに入れ、細かく砕きます。さらに溶かしたバターを加え、混ぜてしっとりとなじませます。

バニラビーンズはさやを縦にさいて、ナイフの背などで中の種をこそぎ出す。

10 生クリームを一度に加え、混ぜる。

11 生地がなめらかになったら、万能こし器でこす。

11のあと湯煎焼きでニューヨーク

1 ニューヨークチーズケーキは底をホイルでおおった型に生地を流し込む。

2 天板に熱湯を注ぎ、200℃のオーブンで30分焼く。表面にうっすらと焼き色がついたら、160℃に温度を下げて30分湯煎焼きにする。

11のあとそのまま焼いてベイクド

1 ベイクドチーズケーキは4に生地を流し込み、そのまま天板にのせて、180℃のオーブンで50～60分、周囲に焼き色がつくまで焼く。

型から取り出す（共通）

1 型から取り出す。電子レンジ強で40秒温めたぬれぶきんで、周囲を温め、型にくっついている生地を溶かす。

2 型よりも高さがあるもの(大きめの缶詰やビンなど)の中央に型をのせ、型の側面をぐっと押し下げてケーキを取り出す。お皿にのせ、ボトムと型の底の間にパレットナイフを入れて型の底を引きぬく。

3 きれいに切るため、ナイフをお湯で温め、ふきんで拭いて切り分ける。1回切る度にナイフについた生地を拭き取る。

Basic 03

スフレチーズケーキ

しっとりふわふわのやさしい味はメレンゲの泡立て方が決め手。
おいしさの中に懐かしさも感じられます。

Souffle cheese cake

◉ 材料
（直径18cmの底が取れる丸型1台分）
【 ボトム 】
スポンジケーキ …… 直径18cm厚さ1cmを1枚
【 生地 】
クリームチーズ …… 50g
サワークリーム …… 200g
卵黄 …… 3個分
バニラオイル …… 少々
コーンスターチ …… 大さじ4
牛乳 …… 200ml
卵白 …… 3個分
上白糖 …… 120g

◉ 下準備
オーブンを200℃に予熱する。
型の底をアルミホイルでおおう。
湯煎用のお湯をわかす。

◉ 作り方
1 アルミホイルでおおった型の底に厚さ1cmのスポンジケーキを敷き、型の側面の上部から2cm幅にバター（分量外）をぬり、内側にオーブンペーパーを貼りつける（**a**）。
2 生地を作る。クリームチーズをラップで包み、電子レンジ弱で4分加熱する。指が入るくらいのやわらかさが目安。（P12-5参照）
3 ボウルに2を入れ、なめらかになるまで泡立て器で練り、サワークリームをひとすくいずつ加え、そのつどよく混ぜる。卵黄を入れよく混ぜ（**b**）、コーンスターチをふるい入れて、混ぜる。
4 牛乳とバニラオイルを加え混ぜ（**c**）、なめらかになったら、万能こし器でこす。
5 別のボウルに卵白と上白糖を入れ、泡立てる。
6 泡にツヤが出て、とろりとしたたるくらいになったら（5分立て）（**d**）、4に2回に分けて加え、そのつど混ぜる（**e**）。
7 生地がなめらかに混ざったら、天板にのせた型に流し入れる。
8 天板に熱湯を注ぎ（**f**）、200℃のオーブンで15〜20分焼く。表面にうっすらと焼き色がついたら、150℃に温度を下げ、さらに40分湯煎焼きにする。
9 焼きあがったらオーブンから出し、すぐにオーブンペーパーを取る（**g**）。粗熱を取り、冷蔵庫で3時間冷やす。

Basic 04

レアチーズケーキ

ひとつのボウルで混ぜるだけの簡単さ。
チーズとヨーグルトの酸味でさわやかさを演出。

Ice Box
cheese cake

Bavarois cheese cake

Basic 05

ババロア風
レアチーズ
ケーキ

ホイップした生クリームを
加えてやわらかくて
クリーミーな味わいに。

Mousse cheese cake

Basic 06

ムース風
レアチーズ
ケーキ

ホイップクリームと
メレンゲで
ふんわり極上の食感。

基本のチーズケーキの作り方
レア3TYPE

レアチーズケーキと
ババロア風レアチーズケーキ（共通）

◉ 材料
（直径18cmの底が取れる丸型1台分）
【ボトム】
小麦胚芽クラッカー …… 100g
バター（食塩不使用）…… 50g
【生地】
クリームチーズ …… 250g
上白糖 …… 80g
プレーンヨーグルト …… 200g
粉ゼラチン …… 5g
水（または白ワイン）
　…… 大さじ2
バニラエッセンス …… 少々
レモン汁 …… 小さじ1
生クリーム …… 200ml

◉ 下準備
【レアチーズ、ババロア風、ムース風共通】
水（または白ワイン）にゼラチンを振り入れ、ふやかしておく。

ムース風レアチーズケーキ

◉ 材料
（直径18cmの底が取れる丸型1台分）
【ボトム】
スポンジケーキ
　…… 直径18cm厚さ1cmを1枚
水 …… 50ml
砂糖 …… 20g
【生地】
上白糖は50gに、ほかは上記と同様
【メレンゲ】
卵白（L）…… 1個分
砂糖 …… 30g

レアチーズケーキの作り方

1 ボトムを作る。小麦胚芽クラッカーを細かく砕き、溶かしたバターを加えてなじませる。型に入れ、スプーンの背などを使ってしっかり敷きつめる（P12-1〜4参照）。

2 クリームチーズをラップで包み、電子レンジ弱で4分加熱する。指が入るくらいのやわらかさが目安（P12-5参照）。ボウルに入れてなめらかになるまで泡立て器で練り、上白糖を加えてよく混ぜる。

3 ヨーグルト、レモン汁、バニラエッセンスを加え、よく混ぜる。

4 続けて生クリームの半量を加え混ぜる。

5 残りの生クリームを鍋またはレンジで沸騰直前まで温め、ふやかしたゼラチンを加えて溶かす。

6 5のゼラチンを溶かした生クリームを4のチーズ生地に加え混ぜる。

7 なめらかに混ざったら、万能こし器でこす。

8 型に流して軽くゆすって表面をならし、冷蔵庫で4時間以上冷やし固める。

ババロア風チーズケーキの作り方

1 ボトム、生地の作り方は、レアチーズケーキの3までと同様。ふやかしたゼラチンを電子レンジ弱に1分ほどかけて溶かし、生地に加えてよく混ぜる。なめらかに混ざったら万能こし器でこす。

2 別のボウルに生クリームを入れ、底を氷水にあてながら、7～8分立てに泡立てる。2～3回に分けて1に加え混ぜる。

P6「生クリームの泡立て方」参照

3 型に流して軽くゆすって表面をならし、冷蔵庫で4時間以上冷やし固める。

ムース風チーズケーキの作り方

1 水と砂糖を電子レンジ強に1分30秒かけ、砂糖を溶かして冷まし、シロップを作る。型にスポンジを敷き、シロップをハケで全体にしみこませる。生地の作り方は、ババロア風レアチーズケーキの2までと同様。

P6「スポンジケーキの作り方」参照

2 メレンゲを作る。別のボウルに卵白を入れて、白くふわふわした状態まで泡立てる。砂糖30gを加え、さらにピンとツノが立つまで泡立て、1の生地に3回に分けて加えて、混ぜる。

P7「メレンゲの作り方」参照

3 混ざったら型に流してパレットナイフかゴムべらで表面をならし、冷蔵庫で4時間以上冷やし固める。

型から取り出す（共通）

1 型から取り出す。電子レンジ強で40秒温めたぬれぶきんで、型の周囲を温め、型にくっついている生地を溶かす。

2 型よりも高さがあるもの（大きめの缶詰やビンなど）の中央に型をのせ、型の側面をぐっと押し下げてケーキを取り出す。お皿にのせ、ボトムと型の底の間にパレットナイフを入れて型の底を引きぬく。

Basic 07

ベイクドレアチーズケーキ

レア風なのにベイクド？ クリームチーズが口の中でとろけます。

Creamy
Baked cheese cake

● 材料
（直径5.5〜6cmのセルクル型5個分）
【ボトム】
小麦胚芽クラッカー …… 60g
バター（食塩不使用）…… 30g
【生地】
クリームチーズ …… 150g
粉砂糖 …… 大さじ3
プレーンヨーグルト …… 80g
卵白 …… 1個分
生クリーム …… 60ml
レモン汁 …… 小さじ1½

● 下準備
オーブンを200℃に予熱する。
セルクルの底をアルミホイルでおおう。

● 作り方
1 ボトムを作る。ジッパーつきの袋か厚手のビニール袋に小麦胚芽クラッカーを入れてめん棒で叩き、細かく砕く。
2 バターを電子レンジ強で30秒加熱して溶かし、1に加え混ぜる。袋の口を閉じて手でよくもみこみ、バターをしっとりとなじませる（P12-1〜3参照）。
3 2をセルクル型に入れ、スプーンの背などで押さえ、しっかり敷きつめる（**a**）。
4 生地を作る。クリームチーズはラップで包み、電子レンジ弱で3分加熱する。指が入るくらいが目安（P12-5参照）。
5 ボウルに4を入れ、なめらかになるまで泡立て器で練り、粉砂糖を加えてよく混ぜる。
6 卵白、ヨーグルト、生クリーム、レモン汁の順に加え（**b**）、そのつどよく混ぜる。
7 なめらかに混ざったら、万能こし器でこす。
8 バットに並べた型に生地を流して（**c**）天板にのせ、天板に湯を1cmほどはる（**d**）。
9 200℃のオーブンで10分焼き、扉を3分開けてオーブン内の温度を下げ、110℃でさらに20分ほど焼く。粗熱が取れたら型ごと冷蔵庫で2〜3時間冷やす。
10 電子レンジ強で40秒温めたぬれぶきんで、周囲を温めてから、押し出す。

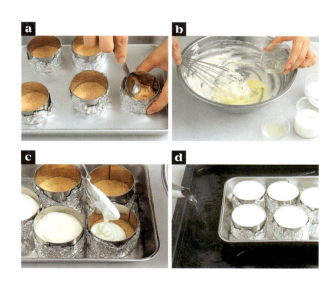

Part 2

Variation

バリエー
ション

基本のチーズケーキにひと手間加えるだけ。
季節の果物、ベリー、キャラメルから抹茶、チョコレート…。
お気に入りの素材でチーズケーキをおめかし。

Variation 01

ニューヨークの香りのするチーズケーキ

ポピーシードとレモンをたっぷり。本場に負けないメレンゲも大迫力のニューヨーク風。

New York Style cheese cake

※ブルーポピーシードは「けしの実」のことで、製菓材料店で売られています。※メレンゲが水分を含むので、当日中に食べてください。

● 材料
（直径21cmの底が取れる丸型1台分）

【ボトム】
小麦胚芽クラッカー …… 100g
マリービスケット …… 50g
バター（食塩不使用）…… 75g

【生地】
クリームチーズ …… 400g
上白糖 …… 200g
サワークリーム …… 330g
生クリーム …… 330ml
コーンスターチ …… 大さじ3
卵 …… 5個
バニラオイル …… 少々
レモンの表皮 …… 1個分
レモン汁 …… 大さじ1½
ブルーポピーシード …… 大さじ2

【メレンゲ】
卵白 …… 120ml（約3～4個分）
粉砂糖 …… 120g

● 下準備
型の底をアルミホイルでおおう。レモンの皮をすっておく。

● 作り方
1 P12～13-10までと同様に、左の分量で生地を作る。
2 生地を万能こし器でこし、ポピーシード（**a**）、レモンの皮を混ぜ、型に流す。
3 湯煎で200℃で30分、160℃に下げて40分焼く。粗熱を取り、冷蔵庫で半日ほど冷やし固めてから、型から出す。
4 ボウルに卵白を入れ、泡立てながら粉砂糖を4～5回に分けて加え混ぜ、ツヤのあるツノの立つメレンゲを作る。
5 チーズケーキの上に山もりにメレンゲをのせ、ゴムべらでペタペタとツノを出し（**b**）、220℃のオーブンで3分ほど焼き、焼き色がついたらオーブンを止めて、4～5分そのままにする。オーブンから出し冷蔵庫で1時間ほど冷やす。

Variation 02

カッテージチーズととうがらしのケーキ

ローカロリーのカッテージチーズと
カプサイシンいっぱいの
ダイエットチーズケーキ。

Hot Chilli Pepper cheese cake

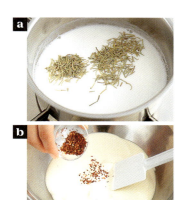

● 材料
（直径18cmの底が取れる丸型1台分）
カッテージチーズ（裏ごしタイプ）
　…… 200g
レモン汁 …… 大さじ1と小さじ2
牛乳（低脂肪ならなおよい）…… 100ml
卵黄 …… 3個分
上白糖 …… 80g
卵白 …… 3個分
薄力粉 …… 30g
バニラオイル …… 少々
レッドペッパー（粗びき）
　…… 小さじ1〜1½（お好みで）
ドライローズマリー …… 大さじ1

● 下準備
型の底をアルミホイルでおおう。

● 作り方

1　小鍋に入れた牛乳にドライローズマリーを入れて（**a**）火にかけ、沸騰したら火を止める。10分くらい置いてから、万能こし器でこす。

2　カッテージチーズを練り、上白糖の分量のうち20gを入れ混ぜ、卵黄、レモン汁、バニラオイル、薄力粉をふるい入れて、混ぜる。

3　2に1の牛乳を入れ混ぜ、レッドペッパーを加えて混ぜる（**b**）。

4　別のボウルで卵白を泡立て、残りの上白糖60gを2、3回に分けて加え、ピンとツノが立つメレンゲにする。3に2〜3回に分けて入れ、さっくり混ぜる。

5　型に流し、湯煎にして220℃のオーブンで15分、160℃に下げて35〜45分焼いて冷ます。

Variation 03

抹茶ドット
レアチーズケーキ

白いドットがレトロでかわいい
クールなほろ苦さの抹茶のレアチーズケーキ。

Green Tea & Dots cheese cake

◉ 材料
（直径18cmの底が取れる丸型1台分）
【ボトム】
マリービスケット …… 100g
バター（食塩不使用）…… 50g
【生地】
クリームチーズ …… 250g
抹茶 …… 大さじ2
上白糖 …… 80g
プレーンヨーグルト …… 200g
⎡ 粉ゼラチン …… 5g
⎣ 水 …… 大さじ2
生クリーム …… 200ml

◉ 下準備
水に粉ゼラチンを振り入れ、ふやかしておく。

◉ 作り方
1 クラッカーの代わりにマリービスケットでボトムを作り、型に敷く（P12-1〜4参照）。
2 クリームチーズをやわらかくしてボウルに入れて練り、上白糖を入れ混ぜる（P12-5〜6参照）。
3 プレーンヨーグルトを混ぜ、ゼラチンを電子レンジ弱で1分加熱して溶かし、2に加え混ぜる。
4 3に生クリームを混ぜる。
5 生地を100g取り分け、残りの生地に抹茶を入れ混ぜ（**a**）、万能こし器でこし（**b**）、型に流す。
6 直径12〜15mmぐらいの丸口金をつけたしぼり出し袋に、5で取り分けた白い生地を入れ、抹茶生地の表面に丸くしぼる（**c**）。
7 冷蔵庫で3時間以上冷やし固める。

※6の時、取り分けた白い生地がゆるかったら、少し氷水で冷やしてポッテリとしたとろみがついてからしぼる。

Variation 04

みかんのムース風

ジューシーなみかんのお花の下は
フワフワのチーズムース。

Mikan Mousse

● 材料
（ドーム状ゼリー型約7個分）
飾り用みかん …… 小2個分
生地用みかん …… 小2個分
クリームチーズ …… 100g
コンデンスミルク …… 大さじ4
レモン汁 …… 大さじ1½
生クリーム …… 100ml
卵白 …… 1個分
上白糖 …… 30g
┌ 粉ゼラチン …… 5g
└ 水 …… 大さじ2

● 下準備
生地用みかんは皮をむいて、うす皮もむき、中身を取り出しておく。
水に粉ゼラチンを振り入れて、ふやかしておく。

● 作り方
1 飾り用みかんは皮をむき、すじを取って5mmぐらいの輪切りにし、ゼリー型の底に貼りつけておく（**a**）。
2 クリームチーズをやわらかくし（P12-5参照）、練ったらコンデンスミルク、レモン汁、生地用のみかんを入れて、混ぜる（**b**）。
3 ゼラチンをレンジ弱で1分加熱して溶かし、2に混ぜる。
4 生クリームを8分立てに泡立て、3に混ぜる。
5 別のボウルに卵白を入れて泡立て、上白糖を2～3回に分けて加え、ツノの立つメレンゲにして4に加え混ぜる（**c**）。
6 型に流し入れ、パレットナイフなどで上面をすりきって平らにし（**d**）、冷蔵庫で3時間以上冷やし固める。

29

Variation 05

塩キャラメルレアチーズケーキ

ブルターニュの塩キャラメルを思わせる大人の味のレアチーズケーキ。

Salt Caramel Ice Box cheese cake

● 材料
（直径18cmの底が取れる丸型1台分）

【ボトム】
小麦胚芽クラッカー …… 100g
バター（食塩不使用）…… 50g

【生地】
クリームチーズ …… 250g
上白糖 …… 90g
プレーンヨーグルト …… 200g
グラニュー糖 …… 80g
水 …… 大さじ2
生クリーム …… 200ml
┌ 粉ゼラチン …… 5g
└ 水 …… 大さじ2
塩（粗塩）…… 小さじ1

【ヌガチン】
アーモンド（ホール生）…… 30g
グラニュー糖 …… 90g
水 …… 大さじ2

● 下準備
水に粉ゼラチンを振り入れ、ふやかしておく。
アーモンドを120℃のオーブンで15分ローストする。
ヌガチンを流すバットにサラダ油（分量外）をぬっておく。

● 作り方

1 ヌガチンを作る。小鍋にグラニュー糖と水を入れ、中火にかけ、茶色くなったらアーモンドを入れ混ぜて、バットに流す。※ヤケドに注意。

2 1が冷めて固まったら半分は飾り用として取っておき、半分は粗く刻む。

3 ボトムを作り型の底に敷いて（P12-1～4参照）、ヌガチンの刻んだものを散らす。

4 クリームチーズをやわらかくして練り、上白糖を入れ混ぜる。ヨーグルトと塩を加え混ぜる。

5 鍋にグラニュー糖を入れ、水を加えて中火にかけ、茶色くなったら火を止める。生クリームをレンジ強で1分加熱したものを静かに注ぐ（a）。

6 5の粗熱が取れたらゼラチンを入れて溶かし、4の生地に入れ混ぜ、万能こし器でこす。

7 型に入れて（b）、冷蔵庫で3時間以上冷やし固める。

8 上面に残りのヌガチンを飾る。

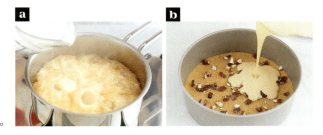

Variation 06

スリーレベルチョコレート

秘密は三層になったチョコレート。贈りものにも最適です。

Three Level Chocolate cheese cake

● 材料
（20cm×20cmのスクエア型1台分）
【ボトム】
オレオクッキー …… 1袋（約200g）
バター（食塩不使用）…… 40g
【ミドル】
クリームチーズ …… 100g
上白糖 …… 60g
卵 …… 2個
バター（食塩不使用）…… 80g
プレーンヨーグルト …… 150g
スイートチョコレート（製菓用）…… 120g
A ┃ 薄力粉 …… 30g
　┃ ベーキングパウダー …… 小さじ1
【トップ】
スイートチョコレート（製菓用）…… 100g
生クリーム …… 60ml
サラダ油 …… 小さじ2
マカダミアナッツ …… 20〜22個くらい

※マカダミアナッツは塩がかかっているものでも、かかっていないものでもOK。
※スイートチョコレートはヴァローナのカカオ分56%を使用しました。

● 下準備
型にバターをぬりオーブンペーパーを敷いておく。
Aを合わせてふるっておく。
チョコレートは刻んでおく。

● 作り方
1 オレオクッキーのクリームを取り、クッキーを砕く。溶かしたバターを加えしっとりとしたら型の底に敷く。
2 クリームチーズにラップをし、レンジ弱で3分加熱する。やわらかくなったらボウルに入れて練り、上白糖、卵、プレーンヨーグルトの順に混ぜる。
3 スイートチョコレートとバターを合わせ、湯煎で溶かし2に加え混ぜる。
4 Aをふるい入れ混ぜ、型に流し（a）、170℃のオーブンで約40分焼き、冷ます。
5 トップを作る。チョコを湯煎で溶かし、レンジ強で30〜40秒加熱した生クリームと混ぜてなめらかにする。
6 5にサラダ油を混ぜる。
7 生地を2.5cm×長さ12cmくらいにカットし、6を上にかけ、マカダミアナッツを飾る。冷蔵庫で1時間ぐらい冷やし固める。

Variation 07
―
ドルセ・デ・レチェ風 キャラメルチーズケーキ

大人っぽい焼き色に反して口に入れるとスッととろける濃厚なキャラメル味のチーズケーキ。

Caramel & White Chocolate cheese cake

● 材料
（直径15cmの底が取れる丸型1台分）
【ボトム】
マウエハース（クリームつき）…… 50g
【生地】
クリームチーズ …… 170g
サワークリーム …… 140g
上白糖 …… 50g
ホワイトチョコレート …… 100g
生クリーム …… 140ml
グラニュー糖 …… 65g
水 …… 大さじ1
卵 …… 2個

● 下準備
型の底をアルミホイルでおおう。
ホワイトチョコレートを刻んでおく。

● 作り方
1 ウエハースを砕くか、フードプロセッサーで細かくして型に敷く（**a**）。
2 クリームチーズをやわらかくし、ボウルに入れて練り、上白糖を入れて混ぜる（P12-5〜6参照）。
3 サワークリーム、卵を混ぜる。
4 グラニュー糖と水を鍋に入れて中火にかけ、茶色くなったら火を止める。レンジ強で30秒〜1分加熱して沸騰させた生クリームを、キャラメルに静かに注ぐ（**b**）（**c**）。※ヤケドに注意。
5 1分ほど待って、4にホワイトチョコレートを入れて溶かす。
6 5を3に入れて混ぜ、万能こし器でこして型に流し入れる。
7 湯煎にして、200℃のオーブンで30分、150℃に下げて30分焼く。

Variation 08

パルミジャーノのスフレ

パルミジャーノの塩気がアクセントのふわふわチーズケーキ。

Parmigiano Reggiano Souffle

● 材料
（直径18cmの底が取れる丸型1台分）
【ボトム】
スポンジケーキ …… 直径18cm厚さ1cmを1枚
【生地】
クリームチーズ …… 250g
サワークリーム …… 200g
卵黄 …… 3個分
バニラオイル …… 少々
塩 …… 小さじ2/3
コーンスターチ …… 大さじ4
牛乳 …… 200ml
卵白 …… 3個分
上白糖 …… 120g
パルミジャーノチーズ …… 30g

● 下準備
型の底をアルミホイルでおおう。型のふちにバターをぬり、オーブンペーパーを貼りつけておく。パルミジャーノチーズを細かくおろしておく。

a

b

● 作り方
1 型の底に厚さ1cmのスポンジケーキを敷く。
2 クリームチーズをやわらかくして（P12-5参照）練り、サワークリーム、卵黄、バニラオイル、塩、コーンスターチの順に入れ、そのつどよく混ぜる。
3 牛乳を2～3回に分けて混ぜたら、万能こし器でこし、パルミジャーノを入れ混ぜる（**a**）。
4 別のボウルに卵白と上白糖を入れて、泡立てる。泡にツヤが出てとろりとしたたるくらいになったら（5分立て）3の生地に入れ（**b**）、混ぜる。
5 型に流し、湯煎にして200℃のオーブンで15～20分焼く。上面にうっすら焼き色がついてきたら、150℃に下げて、40分焼いて取り出す。
6 すぐにふちのオーブンペーパーを引きぬき、粗熱が取れたら冷蔵庫で冷やす。

Fresh Brueberry Creamy Baked

● 材料
（5.5〜6cmのセルクル型5個分）
【ボトム】
小麦胚芽クラッカー …… 60g
バター（食塩不使用） …… 30g
【生地】
クリームチーズ …… 150g
粉砂糖 …… 大さじ3
プレーンヨーグルト …… 80g
卵白 …… 1個分
生クリーム …… 60ml
カシスリキュール（ブルーベリーのリキュールでも可）
　…… 小さじ2
レモン汁 …… 小さじ1½
レモンの皮 …… 少々
生のブルーベリー …… 適量

● 下準備
セルクルの底をアルミホイルでおおう。

● 作り方
1　P20〜21のベイクドレアチーズケーキの手順5までと同様に作る。
2　1に卵白、ヨーグルト、生クリーム、レモン汁、カシスリキュールを順に加え（**a**）、そのつどよく混ぜる。
3　なめらかに混ざったら、万能こし器でこす。
4　バットに並べた型に生地を流して天板にのせ、天板に湯を1cmほどはる。
5　200℃のオーブンで10分焼き、扉を3分開けてオーブン内の温度を下げ、さらに110℃で20分ほど焼く。粗熱が取れたら型ごと冷蔵庫で2〜3時間冷やす。
6　型から取り出す。電子レンジ強で40秒温めたぬれぶきんで、周囲を温めてから押し出す。
7　上にブルーベリーをのせ、中心にレモンゼスターなどで削ったレモンの皮を飾る。

a

Variation 09

フレッシュ
ブルーベリー
ベイクドレア

カシスがほんのり香るベイクドレア。
ブルーベリーを添えてかわいらしく。

Variation 10

紅茶とラムの
ババロア風

紅茶の香りとクリームチーズの酸味が絶妙。
ラム酒の入ったクリームをかわいくしぼって。

Tea & Rum Bavarois cheese cake

● 材料
（直径18cmの底が取れる丸型1台分）
【ボトム】
スポンジケーキ …… 直径18cm厚さ1cmを1枚
【生地】
クリームチーズ …… 250g
上白糖 …… 140g
プレーンヨーグルト …… 100g
生クリーム …… 200ml
ティーバッグの紅茶（ダージリンかウバ）…… 40g

水 …… 350ml
ティーバッグの紅茶 …… 1個分
粉ゼラチン …… 5g
水 …… 大さじ2
【仕上げ用】
生クリーム …… 300ml
上白糖 …… 大さじ4
ラム酒 …… 大さじ2½

● 下準備
型の底をアルミホイルでおおっておく（シロップが型の間から流れることがあるため）。
水に粉ゼラチンを振り入れ、ふやかしておく。
ティーバッグから茶葉を出して計量しておく。

● 作り方
1 鍋で水350mlを沸騰させ、茶葉40gを入れて（**a**）、30秒煮出したら火を止めてふたをし、3分間抽出する。
2 1の茶葉をこし器でこして200ml分しぼる。
3 紅茶液を100mlずつ2つに分ける。片方の紅茶液には上白糖のうち40gを入れてシロップを作る。残りの紅茶液にはティーバッグ1個分の茶葉を加え、ゼラチンを入れて（**b**）溶かす。
4 スポンジケーキを型の底に敷き、3で作った紅茶のシロップをたっぷり浸るくらいぬる（**c**）。
5 クリームチーズをボウルに入れ、やわらかく練り、残りの上白糖を入れ混ぜる（P12-5～6参照）。さらにプレーンヨーグルトを混ぜ、3のゼラチンを溶かした紅茶液を混ぜて万能こし器でこす。
6 生クリーム（生地用）を8分立てに泡立て、5の生地に混ぜる。型に流し、冷蔵庫で3時間以上冷やし固める。
7 生クリーム（仕上げ用）に上白糖とラム酒を入れ、8分立てに泡立てる。15mmの丸口金をつけたしぼり出し袋に入れ、型から出したケーキの上に、外側から内側に向かって3～4段重ねてしぼる（**d**）。

Variation 11

イチゴいっぱい クリスマス

キラキララズベリージャムで
お化粧をしたイチゴをぜいたくに並べて。

Fresh Strawberry X'mas

● 材料
（直径18cmの底が取れる丸型1台分）
【ボトム】
小麦胚芽クラッカー …… 70g
マリービスケット …… 30g
バター（食塩不使用）…… 50g
【生地】
クリームチーズ …… 250g
上白糖 …… 120g
サワークリーム …… 200g
卵 …… 3個
バニラビーンズ …… ½本
コーンスターチ …… 大さじ2
レモン汁 …… 小さじ2
生クリーム …… 200ml
【デコレーション】
いちご …… 1パック
ラズベリージャム …… 約60g
冷凍ラズベリー …… 10粒
【飾り】
ひいらぎの葉など

● 下準備
型の底をアルミホイルでおおう。

● 作り方（手順11まではニューヨークチーズケーキと同様。P12〜13の写真参照）
1. ボトムを作る。ジッパーつきの袋か厚手のビニール袋に小麦胚芽クラッカーを入れてめん棒で叩き、細かく砕く。
2. バターを電子レンジ強で30秒加熱して溶かし、1に加え混ぜ、袋の口を閉じて手でもみこみ、バターをしっとりとなじませる。
3. 型に入れ、スプーンの背などを使ってしっかり敷きつめる。
4. 生地を作る。クリームチーズをラップで包み、電子レンジ弱で4分加熱する。指が入るくらいのやわらかさが目安。
5. ボウルに4を入れ、なめらかになるまで泡立て器で練り、上白糖を加え、よく混ぜる。
6. サワークリームをひとすくいずつ加え、加える度によく混ぜる。
7. 卵を1個ずつ加えて混ぜ、バニラビーンズも加えて混ぜる。
8. コーンスターチを入れて混ぜ、レモン汁も加え混ぜる。
9. 生クリームを一度に加え混ぜ、生地がなめらかになったら、万能こし器でこし、型に流す。
10. 天板に熱湯を注ぎ、200℃のオーブンで30分焼く。表面にうっすらと焼き色がついたら、オーブンを160℃に下げ、さらに30分湯煎焼きにする。焼きあがったらオーブンから出し、粗熱を取る。冷蔵庫で2時間冷やす。
11. ケーキが冷えたらデコレーションをする。ラズベリージャムに冷凍ラズベリーを加え、電子レンジ強で30秒〜1分かけて沸騰させ、万能こし器でこす。
12. 11で作ったラズベリーソースの半量をケーキの上面に薄くぬり（**a**）、その上にイチゴを一面に並べる（**b**）。残りの半量はイチゴにハケでぬってツヤを出す（**c**）。
13. ひいらぎの葉などを飾る。

Part3

with Wine

ワインに合うチーズケーキ

ワインとチーズは切っても切れない間柄。
では、チーズケーキにワインを合わせてみたら…。
やっぱり相性が良いのです。

Wine 01

ロックフォール ニューヨーク

世界三大ブルーチーズ
「ロックフォール」を使った癖になる
おいしさのブルーチーズケーキです。

Roquefort
New York
cheese cake

● 材料
（直径15cmの底が取れる丸型1台分）
【ボトム】
小麦胚芽クラッカー …… 150g
くるみ …… 20g
バター（食塩不使用）…… 80g
【生地】
クリームチーズ …… 250g
上白糖 …… 大さじ4
生クリーム …… 80ml
卵白 …… 1個分
サワークリーム …… 80g
板チョコ …… 15g
レモン汁 …… 小さじ1½
ロックフォールチーズ …… 60g

※板チョコは市販のミルクチョコレートなどお好きなものを、1〜2cm角に手で割って。

● 下準備
型の底をアルミホイルでおおう。

● 作り方
1 ボトムを作り（P12-1〜3参照）、くるみを刻んで混ぜて（**a**）、型に敷く。まず側面にボトムの材料を押しつけて貼りつけ（**b**）、スプーンで削りながら平らにし、下に落ちた分で底を平らに敷きつめる（**c**）。底に小さく割った板チョコを置いておく（**d**）。
2 クリームチーズにラップをして電子レンジ弱で4分加熱し、やわらかくなったらボウルに入れて練る（P12-5参照）。
3 上白糖、サワークリーム、卵白、レモン汁の順に入れ、そのつどよく混ぜたら、万能こし器でこす。
4 生クリームにロックフォールをいくつかに切って入れ（**e**）、電子レンジ強で1分強加熱して混ぜる（**f**）。ロックフォールが溶けたら3に混ぜて（**g**）型に流す（**h**）。湯煎にして200℃のオーブンで15分焼き、扉を3分開けて、オーブン内の温度を下げ、さらに110℃で30分焼く。冷ましてから冷蔵庫に入れ、半日ほど冷やす。

たとえばこんな
ワインと…

トカイアスー 3プットニョス
（トーレイ）

ハンガリーで作られる甘口ワイン。貴腐ブドウと呼ばれる甘さが凝縮されたブドウを混ぜて作られます。ハチミツのような香りととろりとした強い甘さがブルーチーズの塩辛さをまろやかにします。

貴腐入り白・甘口／ハンガリー

Wine 02

ラベンダーはちみつのクレメダンジュ

ラベンダーの香りが広がる
フロマージュブランのムース。

Lavender & Honey Créme d'Anjou

● 材料
（内径5.5cmの茶こし6〜7個分）
フロマージュブラン（脂肪分40%）…… 150g
粉砂糖 …… 30g
生クリーム …… 120ml
卵白 …… 1個分
ラベンダーのはちみつ…… 小さじ1×7
ラベンダーの花
（生、乾燥など）…… 少々

※ラベンダーのはちみつがなければ、普通のはちみつやほかの風味のはちみつで試してみても楽しめます。

● 下準備
コップなどに茶こしをセットし、水でぬらしてしぼったガーゼをかぶせておく。茶こしの底にラベンダーの花のツブを3、4つ置く（**a**）。

● 作り方
1 フロマージュブランをボウルに入れ、泡立て器で練り、なめらかになったら粉砂糖の半量を入れて混ぜる。
2 別のボウルで生クリームを8分立てに泡立て、1に加えて混ぜる。
3 また別のボウルで卵白を泡立て残りの粉砂糖を加えて、ピンとツノが立つメレンゲを作り、2にさっくり混ぜる。
4 型のガーゼの上に、茶こし半分の生地を入れ、中心をスプーンでくぼませる（**b**）。
5 くぼみにはちみつをひとすくいずつ入れ（**c**）、上から残りの生地をかぶせる。
6 ガーゼで生地の上面をおおい、上にバットなどで重しをして冷蔵庫に入れ、一晩水切りをする。
7 型から出すときは、コップを取りのぞき、上面のガーゼをはがし皿に当ててひっくり返して茶こしとガーゼをはずす。

たとえばこんなワインと…

ケヴュルツトラミネール
（トリンバック）

フランス北東部アルザス地方の白ワイン。ケヴュルツトラミネールというブドウから作られ、バラの花やライチにたとえられる豊かな香りを持っています。バラの香りが、ラベンダーとハチミツに調和して一層の風味をプラスします。

白・辛口／フランス

a

b

c

Wine 03

チョコレートレアチーズ with ピンクペッパー

キュートなピンクペッパーとは対照的に大人な辛みのチョコチーズケーキ

Pink Pepper Chocolate cheese cake

◉ 材料
（13×15cmの流し缶1台分）
クリームチーズ …… 100g
ビタースイートチョコレート
　（カカオ分61〜70％）…… 150g
生クリーム（乳脂肪35％）…… 80ml
白こしょう …… 小さじ2〜大さじ1（好みで）
レモン汁 …… 小さじ2
バター（食塩不使用）…… 20g
ピンクペッパー …… 大さじ1くらい（好みで）

◉ 下準備
型にオーブンペーパーを敷く。
チョコレートを刻んでおく。

◉ 作り方
1　クリームチーズをやわらかく練る。
2　チョコレートを湯煎で溶かし、生クリームをレンジ強に30秒〜1分かけて沸騰させ、チョコに注いで混ぜる。
3　2を1に混ぜる。
4　レモン汁と白こしょう、溶かしたバターを混ぜ（**a**）、万能こし器でこし、型に流す。ピンクペッパーを生地の上に散らし（**b**）、上からおさえて軽く固定し、冷蔵庫で2時間以上冷やし固める。

たとえばこんなワインと…

バニュルス
（M・シャプティエ）

南フランス、ラングドック・ルーション地方で作られる赤の甘口ワイン。プルーンのようなコクのある甘みに、ビターチョコのような渋みが少し感じられます。ペッパーのアクセントが効いているこのケーキをさらに大人の味に。

赤・甘口／フランス

45

Wine 04

カマンベール
クリーミー

塩気とホワイトチョコがクリーミーに
溶け合う濃厚な白カビのケーキ。

たとえばこんな
ワインと…

サンセール
（コント・ラフォン）

ロワール地方で作られている辛口白ワイン。白い花や白桃のような香りと果実味にハーブを思わせるグリーンノートが続きます。カマンベールとホワイトチョコのコクのある味わいに、ハーブの香りがさわやかさをもたらします。

白・辛口／フランス

Camembert Creamy

◉ 材料
（サンタンドレチーズ2台分）
サンタンドレチーズ …… 100g×2
ホワイトチョコレート …… 50g
生クリーム …… 50ml
ぶどう …… 少々

※サンタンドレチーズは白カビチーズの1種。なければカマンベールチーズでも可。

◉ 下準備
チョコレートを刻んでおく。

◉ 作り方
1 チーズの上面の7mmぐらい内側にナイフを入れて、丸く切る（**a**）。
2 切ったところをガイドにして、全体的に7mmぐらいずつまわりと底を残し、スプーンでくぼみを作る（**b**）（**c**）。
3 取り出したチーズとチョコレートを一緒に湯煎にかけて溶かし、混ぜ合わせ、冷ます（**d**）。
4 生クリームを8～9分立てにして3に加えて混ぜ（**e**）、くりぬいたチーズのくぼみにつめる（**f**）。
5 冷蔵庫で2～3時間冷やし固める。
6 仕上げにぶどうを飾る。

Wine 05

チーズロールツアー

いろいろなチーズと出会うまさにチーズのツアー。

Cheese Roll Tour

◉ 材料
（30cm×30cmの天板1枚分）

【ロールケーキ生地】
卵黄 ⋯⋯ 4個分
上白糖 ⋯⋯ 70g
サラダ油 ⋯⋯ 大さじ2
ぬるま湯 ⋯⋯ 60ml
バニラオイル ⋯⋯ 少々
薄力粉 ⋯⋯ 80g
卵白 ⋯⋯ 4個分

【クリーム】
生クリーム（35％）⋯⋯ 200ml
上白糖 ⋯⋯ 大さじ3
チーズ ⋯⋯ お好み3種

※ここではチェダー80g、ブルー80g、ブリー80gを使用（それぞれ大きめにカットしておく）。

◉ 下準備
天板にバター（分量外）をぬり、オーブンペーパーを敷く。
薄力粉をふるっておく。

◉ 作り方
1 生地を作る。小さいボウルに卵黄と、上白糖の約¼量を入れ、ハンドミキサーで白っぽく、もったりするまで泡立てる（**a**）。
2 1を大きいボウルに移し、サラダ油、ぬるま湯、バニラオイルを入れて混ぜ、薄力粉をふるい入れ、混ぜる。
3 別のボウルに卵白を入れて泡立て、残りの上白糖を2～3回に分けて加え、ツノが立つメレンゲにする。
4 2に3を3回に分けて加え混ぜ（**b**）、天板に流して平らにならし（**c**）、180℃のオーブンで10～12分焼く。
5 表面にオーブンペーパーを貼りつけ（**d**）、上にまな板などをのせ、天板ごと一緒にひっくり返し、天板を取りのぞいて冷ます。
6 上面のオーブンペーパーをはがし、別に用意したオーブンペーパーの上に裏返してのせる。
7 5で貼りつけたオーブンペーパーをはがす。
8 手前と向こう側の生地を斜めにそぎ落とす（**e**）。
9 生クリームと上白糖を合わせて8分立てに泡立てる。
10 パレットナイフで生地に生クリームをぬり、チーズを並べる（**f**）。
11 オーブンペーパーを巻きす代わりにしてロール生地をくるりと巻く（**g**）。
12 巻き終わりのオーブンペーパーをさいばしで押さえながら下になっているオーブンペーパーを引っぱって、巻きをきつくする（**h**）。側面はキャンディ包みに。
13 冷蔵庫で2時間冷やし、落ちつかせる。
14 仕上げに粉砂糖（分量外）などを振る。

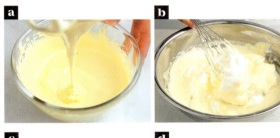

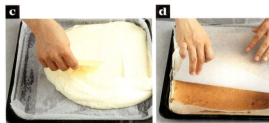

たとえばこんなワインと…

ヴーヴレ・"リッチ"
（マルク・ブレディフ）

シュナン・ブラン種からつくられるロワール地方の白ワイン。このボトルはやや辛口ですが、ワイナリーにより甘口から辛口までさまざまなタイプがつくられています。洋ナシのような香りが、チーズの強さを包み込みます。

白・中辛口／フランス

Wine 06
バルサミコソースの リコッタムース

リコッタのミルク風味とバルサミコ…
一体感が絶妙な大人のデザート。

たとえばこんなワインと…

アスティ（トスティ）

イタリアの北西部ピエモンテ州で、マスカット種ブドウから作られるスパークリングワイン。マスカットのフレッシュな香りが、ムースの食感に良く合い、やさしい甘さがバルサミコの酸味をやわらかく感じさせます。
スパークリング・甘口／イタリア

a

Ricotta & Balsamico Mousse

◉ 材料
（5.5〜6cmのセルクル型11個分）
リコッタチーズ …… 250g
上白糖 …… 40g
塩 …… 小さじ¼(2g)
生クリーム（35％）…… 200ml
┌ 粉ゼラチン …… 5g
└ 水 …… 大さじ2
小麦胚芽クラッカー …… 11枚
スポンジケーキ
　　…… 直径18cm厚さ1cm
バルサミコ酢 …… 適宜
飾り用にディルなど

◉ 下準備
セルクルの底をアルミホイルでおおう。
水に粉ゼラチンを振り入れ、ふやかしておく。

◉ 作り方
1 セルクルの底に小麦胚芽クラッカーを敷く。
2 リコッタチーズに上白糖と塩を混ぜる。
3 8分立ての生クリームを作り冷蔵庫で冷やす。
4 ゼラチンをレンジ弱で1分ほど加熱して溶かし、2に加え混ぜ、3の生クリームも加える。
5 4の生地をセルクルの半分くらいまで入れる。スポンジを3cm丸型のクッキーの抜き型で11個抜き、たっぷりのバルサミコ酢に浸す。スポンジのバルサミコ酢を軽くしぼり、スポンジをくずさないように中心に押し込み（a）、その上にふちいっぱいまで生地を入れる。
6 パレットナイフですりきって平らにし、冷蔵庫で3時間以上冷やし固める。型のまわりを手のひらで温めて型から抜き、上にディルなどを飾る。

Mimolette & Olive Oil Pound cake

◉ 材料
（18×9×8cmのパウンド型1台分）
ミモレット（6カ月、18カ月、24カ月熟成）
お好みの熟成のもの …… 100g
オリーブオイル（できればEXバージンオイル）…… 150ml
上白糖 …… 120g
バニラオイル …… 少々
塩 …… 小さじ2/3
卵 …… 3個
牛乳 …… 大さじ2
A｜薄力粉 …… 200g
　｜ベーキングパウダー …… 小さじ2
黒こしょう（粗びき）…… 小さじ2
薄力粉 …… 200g
ベーキングパウダー …… 小さじ2
黒こしょう（粗びき）…… 小さじ2

◉ 下準備
型にオリーブオイルかバターをぬり、オーブンペーパーを敷いておく。
Aを合わせてふるっておく。
オーブンを180℃に予熱する。
ミモレットを細かくすりおろし、10gとっておく。

◉ 作り方
1　オリーブオイルに上白糖、バニラオイル、塩、卵、牛乳を混ぜる。
2　1にAをふるい入れ、よく混ぜる。さらにミモレット90g（**a**）、黒こしょうを入れ混ぜる。
3　型に流して平らにし、上面に残りのミモレットを振りかけ、180℃のオーブンで40〜50分焼き、型のまま冷めるまで置く。

たとえばこんな
ワインと…

リースリング
（ティマーリッジ）

タスマニア島のリースリング種の白ワイン。花やライムのような香りと充実した果実味のほのかな甘みがあります。後に続く程よい酸味とキレのよい味わいが、パウンドケーキを軽やかにし、次の一切れに手が伸びてしまいます。

白・中辛口／オーストラリア

Wine 07

ミモレットと
オリーブオイルの
パウンドケーキ

ミモレットのコクとオリーブの
芳醇な香りが相性抜群。

Wine 08

マスカルポーネの
ブリオッシュサバラン

ラム酒たっぷりのブリオッシュに
マスカルポーネをつめるだけ。

Parmigiano Reggiano Souffle

● 材料

ブリオッシュ …… 6個

【シロップ】
水 …… 100ml
上白糖 …… 50g
ラム酒 …… 大さじ2

【クリーム】
マスカルポーネ …… 250g
上白糖 …… 20g
ラム酒 …… 大さじ1
生クリーム …… 100ml
スライスアーモンド …… 20g

● 下準備
アーモンドは粗く刻み、120℃のオーブンで10分くらい
ローストしておく。

● 作り方
1 シロップを作る。鍋に水と上白糖を入れて火にかけ、混ぜる。沸騰したら、火を止める。冷ましてラム酒を入れる。
2 ブリオッシュの上部を切り落とし、下の部分の中心をナイフでくりぬいて、1で作ったシロップをブリオッシュの内側にたっぷりぬる(**a**)。
3 クリームを作る。マスカルポーネをボウルに入れて練り、上白糖、ラム酒を加えて混ぜる。
4 生クリームを7分立てに泡立て、3と混ぜ合わる。クリームの1／3量を取りアーモンドを混ぜて、くりぬいたブリオッシュの穴につめる。
5 残りのクリームは星口金をつけたしぼり袋に入れ、ブリオッシュ上面にしぼる(**b**)。
6 切り取ったフタをかぶせる。

たとえばこんな
ワインと…

アモンティリャード
（イダルゴ）

スペイン南部、海に面したヘレス地方で作られる、琥珀色で塩味があるシェリー酒。イーストやナッツの香りが、ラム酒とアーモンドの風味に良く合います。辛口が苦手な場合はもう少し甘いタイプのシェリーを合わせても。

シェリー・中辛口／スペイン

チーズのいろいろ

この本で紹介しているチーズケーキには、一般的なクリームチーズにとどまらず、各国のさまざまなチーズを使用しています。ここでは、そんなチーズの数々を紹介します。

【 ロックフォール 】
フランスのロックフォール村の洞窟で熟成させたもののみが、この名称を名乗ることができます。シャープな青カビの風味とバターのようなコクとうまみがあります。

【 パルミジャーノ レッジャーノ 】
イタリアの代表的なチーズ。長期間の熟成によりできたアミノ酸が、うまみの元となっています。パスタに振りかけるチーズとしておなじみ。

【 フロマージュブラン 】
水分を切っただけのフレッシュなチーズ。さわやかな酸味はヨーグルトに似ています。0〜40%の脂肪分のものがありますが、この本では少しコクのある40%を使用。

【 チェダー 】
イギリスのチェダー村のチーズ。オレンジ色のものは、レッドチェダーと呼ばれます（ほかにクリーム色のものもあります）。味にはナッツのようなコクがあります。

【 ブリードモー 】
フランス・ブリー地方のモー村で作られるチーズ。クリーミーでとろりとした上品な味が特徴です。

【 サンタンドレ 】
フランス・アキテーヌ地方で作られるチーズ。フワッとした白カビにおおわれています。乳脂肪分は75%。バターのようになめらかでスッと溶ける味わいです。

【 ミモレット 】
オランダ生まれのフランス産チーズ。「ミモレ」とはフランス語で「半分やわらかい」の意味。6〜24カ月熟成のものが多く、熟成するにつれ、カラスミのような味になります。

【 リコッタ 】
「リコッタ」は「2度煮る」という意味。チーズを作るときに出る乳清にミルクを加え、再度加熱して作られます。カッテージチーズに似た口当たりで、ほのかな甘さを感じます。

【 マスカルポーネ 】
ティラミスで有名なチーズ。イタリア北部のロンバルディアが原産。乳脂肪分が60〜90%と高く、クリーミーでマイルドな味わいが特徴です。

ベイシックチーズケーキとワイン

P42からワインと相性の良いチーズケーキと、そのチーズケーキに合うワインの一例を紹介してきましたが、ニューヨークチーズケーキやレアチーズケーキといったベイシックなチーズケーキにもワインはよく合います。ここではそんな基本のチーズケーキに合うワインを紹介します。

(ニューヨークチーズケーキに)

ホワイトラベル
（ヴーヴクリコ）

パリ北東のシャンパーニュ地方で作られているシャンパン。シトラス系の香りに、やや甘口でボリューム感があるので、チーズケーキのコクにも負けません。やわらかな酸がしつこさを感じさせず、繊細な泡立ちがすっきりとまとめてくれます。

シャンパン・中甘口／フランス

(レアチーズケーキに)

モスカートダスティ
（ブライダ）

イタリア北西部ピエモンテ州の微発泡白ワイン。やや甘口でマスカット種の豊かな果実味と、レアチーズの濃厚さがバランスよくおいしくいただけます。わずかな気泡により、後味がよりさわやかになります。

微発泡白・中甘口／イタリア

●ワインのセレクトについて…ワインは比較的手に入りやすいものをセレクトしていますが、場合によっては入手が難しいこともあります。

53

Part4

Sweets

チーズ
の
デ ザ ー ト

おいしくて見た目もかわいらしい、
とっておきのチーズで作ったデザートたち。
ちょっとしたおもてなしにも。

Sweets 01

ブルーベリー & クリームチーズのマフィン

ブルーベリーを散りばめたマフィンの中には甘酸っぱいチーズクリームが。

Blue Berry & Cream Cheese Muffin

● 材料
（直径7cmのマフィン型7個分）
【生地】
バター（食塩不使用）…… 120g
上白糖 …… 80g
卵 …… 1個
卵黄 …… 1個分
牛乳 …… 50ml
A ┃ 薄力粉 …… 120g
　 ┃ ベーキングパウダー …… 小さじ1
レモンの表皮（国産）…… ½個分
バニラオイル …… 少々
ブルーベリー（生or冷凍）
　…… 約70g（マフィン1個につき8〜9個）
【フィリング】
クリームチーズ …… 60g
上白糖 …… 15g
サワークリーム …… 30g

● 下準備
バターを室温に戻し、やわらかくする。
マフィン型にマフィン紙を敷いておく。
Aを合わせてふるっておく。

● 作り方
1 バターをボウルに入れて練り、上白糖を加え、白っぽくなるまでよく混ぜる。
2 卵黄、卵を加えて混ぜる。
3 すったレモンの皮、バニラオイルを混ぜる。
4 牛乳とふるっておいたAを交互に何回かに分けて加え、そのつどよく混ぜる。
5 別のボウルにクリームチーズをやわらかくし(P12-5参照)、上白糖、サワークリームの順に入れ、混ぜる。
6 4の生地を半量ぐらいずつ型に入れ、中心をくぼませたら、ブルーベリーを4つぐらい置く。
7 中心に5で作ったチーズフィリングをひとすくいずつ入れ、その上に生地をかぶせ(**a**)、ブルーベリーを上面に4〜5個置く。
8 170℃のオーブンで約30分焼く。

Mascarpone & Champagne Mousse

◉ 材料
（ワイングラスなど6〜7個分）
【生地】
マスカルポーネチーズ …… 250g
上白糖 …… 60g
シャンパン …… 150ml
生クリーム（35％）…… 100ml
バニラエッセンス …… 少々
┌ 粉ゼラチン …… 5g
└ 水 …… 大さじ2
【ソース】
パッションフルーツピュレ …… 70ml
上白糖 …… 35g
ライムなどのくし型切り（飾り用）

※シャンパンの代わりにスパークリングワインでもできます。

◉ 下準備
水に粉ゼラチンを振り入れ、ふやかしておく。

◉ 作り方
1 マスカルポーネをボウルに入れ、上白糖を加えてよく混ぜ、バニラエッセンスを入れる。
2 湯煎用の湯の上に1のボウルをのせ、マスカルポーネを半分くらい溶かす。
3 ゼラチンを電子レンジ弱で約1分加熱して溶かし、2に加え混ぜる。
4 生クリームを8分立てに泡立てる。
5 3にシャンパンを静かに注ぎ（**a**）、4の生クリームも加えて混ぜ（**b**）、型（グラス）に流し、冷蔵庫で3時間以上冷やし固める。
6 パッションフルーツのピュレに上白糖を混ぜ、ムースの上に流す。

Sweets 02

マスカルポーネと
シャンパンのムース

シャンパンとマスカルポーネの酸味と甘味が絶妙にとろけるムース。

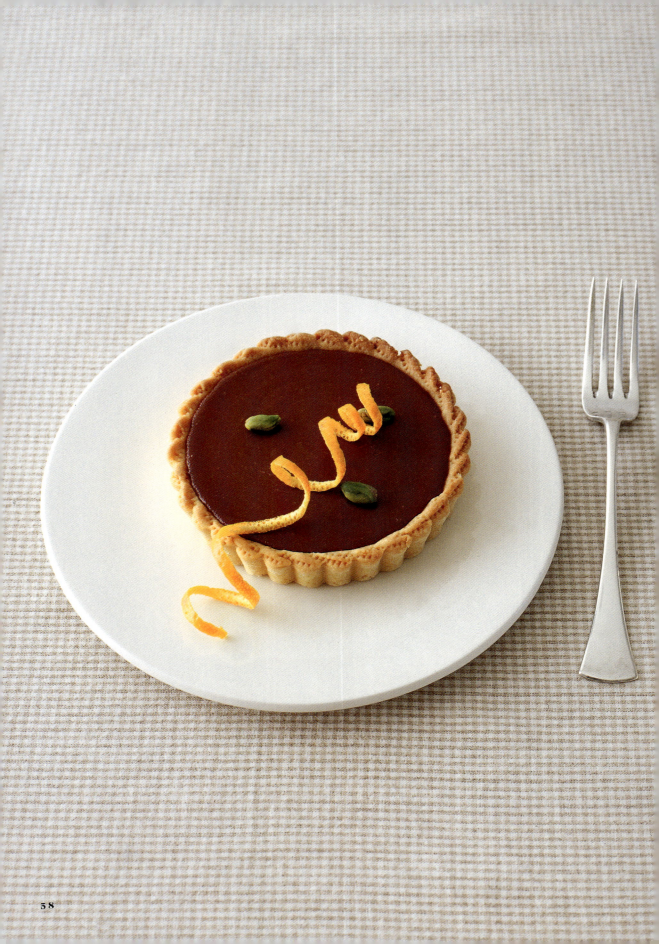

Sweets 03

フランスの香りのする チーズタルト

オレンジ、チョコ、ピスタチオはフランスの香り。チーズとともにタルトに閉じ込めました。

Orange Chocolate Cheese Tart

● 材料
（直径10cm〜11cmのタルト型2台分）
【タルト生地】
バター（食塩不使用）……60g
粉砂糖……30g
卵黄……1個分
水……小さじ1
薄力粉……110g
【フィリング】
クリームチーズ……140g
上白糖……40g
スイートチョコレート（製菓用）……100g
オレンジの皮……½個分
オレンジのしぼり汁……50ml
グランマニエ……小さじ2
【飾り用】
ピスタチオ（生）……少々
オレンジの皮……適量

● 下準備
スイートチョコレートは刻んでおく。
ピスタチオは110℃のオーブンで10〜15分ローストする。
オレンジは粗塩をこすりつけて洗い、ワックスを落とす。

● 作り方
1 タルトの作り方（P6）を参照して、タルト生地を作り、タルトピンでつまんで模様をつけ（**a**）、から焼きしておく。
2 クリームチーズをやわらかくし（P12-5参照）、上白糖を入れて練る。
3 チョコレートを湯煎で溶かし、2に加え混ぜる。
4 オレンジのしぼり汁を混ぜ、生地を1度こす。すりおろしたオレンジの皮（**b**）、グランマニエを入れ混ぜ（**c**）、タルトに流す（**d**）。
5 表面を平らにして冷蔵庫で1時間ほど冷やし固める。
6 オレンジの皮をピーラーでむいて（**e**）、さいばしにしばらく巻きつけたものと（**f**）、ピスタチオを上に飾る。

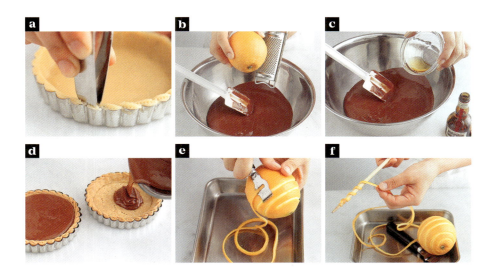

Sweets 04

クリームチーズパンナコッタ

イタリアのドルチェ、パンナコッタにクリームチーズを加えました。

Cream Cheese Panna Cotta

● 材料
（直径7cm、高さ5.5cmの
プリン型6個分）
【キャラメル】
グラニュー糖 …… 80g
水 …… 大さじ1
熱湯 …… 大さじ1
【生地】
┌ 粉ゼラチン …… 5g
└ 水 …… 大さじ2
クリームチーズ …… 100g
上白糖 …… 50g
牛乳 …… 300ml
バニラビーンズ …… 1/3本
生クリーム …… 100ml
レモン汁 …… 大さじ1

● 下準備
水に粉ゼラチンを振り入れ、
ふやかしておく。

● 作り方
1 キャラメルを作る。小鍋にグラニュー糖と水を入れ、中火にかけて茶色く色がついてきたら火を止め、余熱で好みの色にする。木べらを鍋に入れて、木べらをつたうように熱湯をゆっくり注ぐ(**a**)。※ヤケドに注意。鍋の中をかきまわし、なじんだら型に手早く流し、固めておく。
2 クリームチーズにラップをし、レンジ弱で3分加熱し、やわらかくなったら（P12-5参照）ボウルに入れて練る。
3 上白糖とレモン汁を加え混ぜる。
4 牛乳の約半量を小鍋に入れ、バニラビーンズのさやと種を入れて火にかけ、沸騰したらすぐに火を止める。ゼラチンを入れて溶かす。
5 4を3に少しずつ入れて、混ぜる。
6 残りの牛乳、生クリームを入れ混ぜ、こし器でこしたら、氷水でボウルの底を冷やしながらとろみをつける(**b**)。
7 型に流して冷蔵庫で3時間以上冷やし固める。

Sweets 05

ふんわりチーズプリン

パンナコッタとそっくりなのに味も食感も微妙に違う双子のデザート。

Cream Cheese Pudding

◉ 材料
（直径5cm、高さ4cmのプリン型7個分）
【キャラメル】
グラニュー糖 …… 80g
水 …… 大さじ1
熱湯 …… 大さじ1
【生地】
卵黄 …… 3個分（出来ればLがよい）
上白糖 …… 70g
クリームチーズ …… 100g
レモン汁 …… 大さじ1と小さじ1
牛乳 …… 300ml
水 …… 120ml
バニラエッセンス …… 少々
┌ 粉ゼラチン …… 5g
└ 水 …… 大さじ2

◉ 下準備
水に粉ゼラチンを振り入れ、
ふやかしておく。

◉ 作り方
1 P60のパンナコッタと同じ要領でキャラメルを作り、型に流す（**a**）。
2 クリームチーズにラップをし、レンジ弱で3分加熱し、やわらかくなったら（P12-5参照）ボウルに入れて練る。
3 上白糖の半量、レモン汁を入れ混ぜる。
4 別のボウルに卵黄と残りの上白糖を混ぜる。
5 小鍋で牛乳を沸騰直前まで温め、4のボウルに少しずつ加え混ぜ、再び鍋に戻し、木べらでかきまわしながら弱火にかける。とろみがついたら火を止め、ゼラチンを加えて溶かし、さらに水120mlを加えてよく混ぜる（**b**）。
6 3に5を少しずつ入れ混ぜ、こし器でこし、バニラエッセンスを加える。
7 型に流して冷蔵庫で3時間以上冷やす。

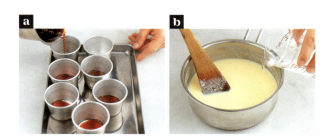

Sweets 06

―

ピンクマカロン

ラズベリーとチーズクリームをサンド。
女の子の大好きなピンクがつまったマカロン。

Pink Macaron

◉ 材料
（2枚1組 4個分）
【生地】
卵白 …… 50ml（1個強）
塩 …… ひとつまみ
レモン汁 …… 小さじ½
A ｜グラニュー糖 …… 30g
　｜粉砂糖 …… 75g
アーモンドプードル …… 50g
赤色食用色素 …… 付属のスプーン1杯分
【飾り用】
生のラズベリー …… 16 ～ 18個
クリームチーズ …… 100g
生クリーム …… 200g
上白糖 …… 40g
バニラエッセンス …… 少々

◉ 下準備
Aを合わせてふるっておく。
オーブンペーパーを天板に敷いておく。

◉ 作り方
1 卵白に塩とレモン汁を入れて泡立て、グラニュー糖を3回に分けて加える。ツノが立つメレンゲになったら、色素を加え混ぜる(**a**)(**b**)。
2 Aを3回くらいに分けて加え混ぜ、ゴムべらで生地をつぶすように混ぜ(**c**)、ツヤが出て、持ち上げるととろりと下に落ち、あとがすぐ消える状態にする。
3 直径12 ～ 15mmの丸口金をつけたしぼり出し袋に生地を入れ、天板に直径5 ～ 6cmくらいに丸く8個しぼり出し(**d**)、表面が乾くまで1時間～一晩置く。
4 手で表面をさわってベタついてこなければ、130℃のオーブンで20分（機種によって火力が強ければ110℃～ 120℃）、さらに150℃に上げて10分焼き（表面が焦げないように注意）、冷ます。
5 クリームチーズをやわらかく練り、上白糖とバニラエッセンスを加え混ぜる。
6 生クリームを8分立てにして5に加え混ぜ、1cmの丸口金をつけたしぼり袋に入れ、焼き上がったマカロンの中心にしぼり、まわりにも間隔をあけてしぼる(**e**)。
7 クリームの間にラズベリーを置き(**f**)、片方のマカロンをのせ、サンドする。

石橋かおり

菓子研究家。
藤野真紀子氏のお菓子教室にてディプロマを取得。家庭で手軽に作れる手順や配合を、日夜考えている。雑誌、広告などでも幅広く活躍している。『ベストオブチーズケーキ！』（講談社）、『ブラウニーとガトーショコラ』（文化出版局）など著書多数。
http://www.kaori-sweets.com/

撮影	公文美和
スタイリング	肱岡香子
調理アシスタント	萩澤智世／伊藤唯子／中村あずさ
アートディレクション	江原レン［mashroom design］
デザイン	前田友紀［mashroom design］

チーズのケーキ
基本からアレンジまで、簡単に作れておいしいチーズケーキレシピ

2016年8月31日　初版第1刷発行

著者	石橋かおり
発行者	滝口直樹
発行所	株式会社マイナビ出版
	〒101-0003
	東京都千代田区一ツ橋2-6-3　一ツ橋ビル2F
電話	0480-38-6872（注文専用ダイヤル）
	03-3556-2731（販売部）
	03-3556-2735（編集部）
	http://book.mynavi.jp
印刷・製本	中央精版印刷株式会社

本書は、2009年3月に発行された『新版チーズのケーキ』の最新版です。内容は同じになりますので、あらかじめご了承ください。
※定価はカバーに記載してあります。
※落丁本、乱丁本はお取り替えいたします。お問い合わせはTEL：0480-38-6872　（注文専用ダイヤル）、または電子メール：sas@mynavi.jpまでお願いいたします。
※内容に関するご質問は、マイナビ出版編集第2部まではがき、封書にてお問い合わせください。
※本書は著作権法上の保護を受けています。本書の一部あるいは全部について、著者、発行者の許諾を得ずに無断で複写、複製(コピー)することは禁じられています。

ISBN 978-4-8399-6067-4
©2016 Kaori Ishibashi ©2016 Mynavi Publishing Corporation
Printed in Japan

【 材料提供 】
●フィラデルフィアクリームチーズ
森永乳業株式会社　チーズ・酪品事業部
TEL03-3798-0109
※商品に関するお問い合わせ　0120-369-744（お客様相談室）

●特選北海道純生クリーム47
●特選北海道純生クリーム35
タカナシ乳業株式会社
※商品に関するお問い合わせ　0120-369-059（お客様相談室）
http://www.takanashi-milk.co.jp/

【 取材協力 】
株式会社東急百貨店　本店 食料品 ワインコーナー
TEL03-3477-3111（代）